El pequeño libro del cleanfulness

¡Mindfulness para limpiar
tu mente y tu hogar!

The Secret Cleaner

El pequeño libro del cleanfulness

¡Mindfulness para limpiar tu mente y tu hogar!

Traducción de Alfredo Blanco Solís

Papel certificado por el Forest Stewardship Council®

MIXTO
Papel procedente de
fuentes responsables
FSC® C117695

Penguin
Random House
Grupo Editorial

Título original: *The Little Book Of Cleanfulness*
Primera edición: febrero de 2021

© 2019, The Secret Cleaner
© 2020, Penguin Random House Grupo Editorial, S.A.U.
Travessera de Gràcia, 47-49. 08021 Barcelona
© 2020, Alfredo Blanco Solís, por la traducción
Ilustraciones por Fuchsia MacAree © Pop Press 2019

Publicado por primera vez en 2019 por Pop Press. Pop Press es parte del grupo
editorial Penguin Random House.

Printed in Spain – Impreso en España

ISBN: 978-84-03-52204-6
Depósito legal: B-19183-2020

Compuesto en NEGRA
Impreso en Gómez Aparicio, S.L.,
Casarrubuelos (Madrid)

AG 2 2 0 4 6

*¡Limpia la casa...
elevando el espíritu!*

The Secret Cleaner es una atareada madre
de dos hijos, nacida en Estados Unidos,
que ahora reside en la costa occidental
de Escocia. Confiesa haber pasado de
limpiar solo como medio de desahogo
cuando estaba furiosa a ser una entusiasta
de la limpieza. Ella fue capaz de cambiar
su forma de ver esta tarea y quiere que
tú también puedas hacerlo. Esta es una
guía de limpieza minimalista y realista,
eficiente, sin métodos absurdos y basada
en la ciencia.

Índice

Introducción
¿Qué es *cleanfulness*?

Hoy en día estamos viviendo una revolución… ¡que tiene que ver con la limpieza! Y yo estoy aquí para explicarte por qué deberías incorporarte y prestar atención.

La limpieza es el nuevo zen.

Tal vez te estés preguntando qué tiene que ver la limpieza con la meditación, pues probablemente ordenar no suela dejarte muy relajado. Sigue leyendo…

Este libro no trata de convertirte en una divinidad doméstica, ni de esclavizarte a la lejía. Su propósito es que encuentres la paz a través de la limpieza.

Todos llevamos vidas muy atareadas, y por eso necesitamos encontrar soluciones que nos ahorren tiempo pero que sean efectivas para llevar al día tareas que, de lo contrario, podrían acumularse y hacernos sentir derrotados.

El *mindfulness* es una conocida terapia para aliviar el estrés, la ansiedad, la depresión y la apatía. En una época de cambios en mi vida, descubrí que podía usarlo al tiempo que limpiaba —algo a lo que ahora llamo *cleanfulness*— para mejorar mi humor y mi entorno físico al mismo tiempo. Y quiero compartir este aprendizaje contigo.

En este libro, encontrarás ideas sencillas y de eficacia comprobada que te ayudarán a mantener en orden tu hogar… y tu vida. Nada sofisticado ni que te vaya a llevar mucho tiempo… simplemente unos pequeños pasos que te pondrán en la senda de una vida doméstica más armoniosa.

No hace falta que los pongas en práctica todos. Elige los que mejor se adapten a ti y a tu estilo de vida. Vete hojeando páginas aquí y allá. Si te agobia que se te acumulen tantísimas tareas, abre este libro y empieza por una cualquiera.

Analiza tu estado de ánimo

Lo primero que te voy a pedir es que te preguntes cómo te sientes al limpiar. Y no me refiero a cómo te hace sentir tener la casa limpia —¡nunca he conocido a nadie que vea deprimente vivir en un sitio ordenado y limpio!—, sino a cómo te sientes al tener que limpiar. ¿Te provoca ansiedad, confusión o enfado la interminable lista de tareas? ¿Te agobia el mero hecho de tener que ordenar y limpiar?

Limpiar es algo que nos toca hacer a todos (salvo que contemos con un equipo de asistentes que nos frieguen el baño y nos recojan la ropa del suelo. Si es tu caso, ¡menuda suerte! Pero, entonces, ¿qué haces leyendo este libro?). Y a muchos de nosotros limpiar y ordenar nos parece aburrido e incluso agobiante. Es algo que posponemos cuanto podemos, pero así solo empeoramos las cosas.

Tener que limpiar no debe ser nuestro enemigo. Para cuando hayas acabado este libro, quiero que haya cambiado tu relación con esta tarea, que hayas aprendido a verla como una solución, en lugar de una fuente de estrés y preocupaciones. Sé que ahora te sonará raro, pero confía en mí.

Por sorprendente que parezca, las personas somos capaces de cambiar de idea sobre las cosas. Y algo molesto, como tener que limpiar, puede convertirse en un reto o un descubrimiento simplemente con que adaptemos nuestra forma de verlo.

Si redefinimos nuestra opinión sobre esta tarea, viviremos menos estresados, con mayor confianza… ¡e incluso la disfrutaremos!

Si limpias solo para desahogar la furia…

¿Limpias solo para desahogar la furia?

Hace unos años, advertí un patrón en mi estado de ánimo cuando limpiaba y ordenaba. Siempre estaba enfadada, molesta e irascible. Recorría la casa gritándole a mi marido, Peter, y a nuestros hijos, fustigándolos a todos en un frenesí de emociones negativas a mi paso.

Cuando me sentaba y reflexionaba sobre ello, me acordaba de mi infancia. En aquella época siempre tenía la habitación desordenada, y recuerdo que eso me generaba bastantes problemas. Me pregunto si mi cerebro llevará décadas asociando el hecho de limpiar y ordenar a los sentimientos de enfado, vergüenza y frustración.

Esta relación funcionaba en ambos sentidos: si estaba enfadada, me ponía a limpiar; y si me ponía a limpiar, acababa enfadada. Advertí este patrón de comportamiento, y me di cuenta del círculo en el que estaba metida. Si seguía así, terminarían del mismo modo mis hijos, y más tarde los hijos de ellos, y así hasta el fin de los tiempos.

O también podía parar esta espiral.

Por eso decidí cambiar mi forma de ver la limpieza. Elegí hacerla divertida y disfrutar de ella. Ahora a mis hijos cuidar de su casa les resulta una experiencia positiva, algo que reforzamos a diario. Compartimos las tareas domésticas entre los cuatro miembros de la familia, y esta es otra parte fundamental de nuestra estrategia para mantener un hogar feliz.

Advertir todo esto supuso un punto de inflexión para mí. La próxima vez que estés ordenando o limpiando la casa, párate un momento a analizar tu estado de ánimo:

- ¿Cómo te sientes con respecto a lo que estás haciendo?

- ¿Qué tipo de pensamientos te pasan por la cabeza?

- ¿Cómo se sienten los demás en tu hogar cuando te ocupas de estas tareas?

¿Enfadado?   ¿Resentido?

¿Frustrado?

¿Agotado?   ¿Contrariado?

¿Agobiado?

No estás solo.

Orienta la furia

Pongamos que te has encontrado un desastre. Enfadarte no va a servir de nada. Así que, antes de ponerte a limpiarlo, más vale que aceptes la tarea en cuestión.

Tienes trabajo por delante. De ti depende que esto arruine tu humor y el de quienes te rodean, o que lo afrontes y que puedas seguir tranquilamente con tu día.

Échale un vistazo a la siguiente lista, encuentra el capítulo que más se parezca a

cómo te sientes y cómo te gustaría sentirte,
e intenta aplicar algunas de las ideas que
contiene:

- De agobiado a capaz (p. 24).

- De resentido a agradecido
  (p. 27).

- De frustrado a aliviado
  (p. 31).

- De confundido a sereno
  (p. 34).

- De desmotivado a
  motivado (p. 36).

De agobiado a capaz

Haz una limpieza de alta intensidad

Programa una alarma en el móvil: 15, 30 minutos, lo que sea. Limpia con tanta intensidad como puedas y deja la tarea cuando suene la alarma. Admira el resultado y sigue con tu día. Si dispones de treinta minutos, puedes emplear todo el tiempo en una habitación o utilizar intervalos de diez minutos en tres habitaciones distintas. Te sorprenderás de cuánto puede hacerse en una cantidad de tiempo corta y prefijada.

Sumérgete

¿Por dónde empezar? Échale un vistazo a la habitación y escoge la primera zona que te parezca que necesita atención. Ponte a ello. No le des vueltas, simplemente hazlo. Hacer algo siempre es mejor que no hacer nada. Recuérdate lo bien que te vas a sentir después.

Ofrécete una recompensa

Cuando hayas logrado lo que tenías planeado, siéntate a ver tu programa de televisión favorito, hazte una taza de té, vete a dar un paseo… Premiarte a ti mismo con pequeñas recompensas es una forma estupenda de vincular emociones positivas a la limpieza.

De resentido a agradecido

Delega

Reparte tareas al resto de la familia y ponles un límite de tiempo. Cuando acaben, deja que todos echen un vistazo al trabajo de los demás. Concéntrate en lo positivo. Señala lo que hayan hecho bien y aprovecha la oportunidad para enseñarles cómo mejorar las cosas que aún no dominen del todo.

Búscate un compañero de limpiezas

¿Tienes algún amigo o familiar que pueda ayudarte a que te motives? Puedes rendirle cuentas a él, como harías con un compañero de entrenamientos, solo que para tareas domésticas.

Háblalo con alguien

Llama a un amigo, ponlo en el manos libres y haz la limpieza mientras charlas con él. Estarás tan entretenido con la conversación que ni siquiera te darás cuenta de cuánto has trabajado.

Conviértelo en un juego de niños

Nunca olvidaré a la primera niñera que tuvo mi hijo. Siempre incorporaba el aprendizaje a su rutina diaria; usaba, por ejemplo, la colada para enseñarle los números, los colores y muchas más cosas. Una de las cosas que más me gustaba hacer con los niños cuando eran pequeños era un juego que yo llamaba «Avalancha de colada». Aún les encanta. Haz que se tumben en el suelo o en la cama y échales la colada limpia por encima. Que hagan formas, que se escondan dentro, que acaben enterrados…, y que finalmente se sienten y te ayuden a doblarla.

De frustrado a aliviado

Asume el desorden

Acepta que tu casa es para vivirla y que nunca será perfecta. Si tu hijo está usando sus juguetes, déjalo tranquilo. Ya los ordenaréis juntos más tarde.

Resuelve los problemas

Inventa soluciones prácticas para tus retos. Cuando mi hija era pequeña, siempre dejaba el corazón de la manzana tirado en la sala de estar. La papelera más próxima estaba en el baño. Así que compré una papelera especial para la sala de estar y la coloqué junto al sofá. Nunca volvió a dejar tirado un corazón de manzana.

Antes y después

Saca una foto de la tarea que tienes por delante. Ponte manos a la obra y saca otra foto del resultado. Compártela con quien quieras o guárdatela para ti, pero tómate un momento para disfrutar de tu éxito. Si quieres disponer de un sitio donde documentar este viaje hacia un hogar más limpio y ordenado, valora abrir una cuenta en alguna red social (no hace falta que uses tu verdadero nombre). Lo creas o no, habrá gente de cualquier parte del mundo interesada en ver tus progresos.

De confundido a sereno

Consúltalo

¿Tu colchón tiene manchas? ¿Te han salido
marcas de agua en la mesa de madera?
¿Los estores se te llenan de polvo? Puedes
estar seguro de que hay gente que ya
se ha encontrado ese problema y lo ha
resuelto. Búscalo en internet, o plantea
tu duda en alguna red social o algún foro.
Entusiásmate experimentando con las
sugerencias que recibas.

Prueba algo nuevo

La próxima vez que necesites comprar algo, dirígete a la sección de limpieza de tu tienda preferida y echa un vistazo. Pero echa un vistazo de verdad. No te limites a comprar los mismos productos de siempre; mira a ver si encuentras algo nuevo que puedas probar.

¿Te interesa fabricar tus propios productos de forma más natural, ecológica y respetuosa con los animales? Echa un vistazo a ver si alguna de las recetas que aparecen en las últimas páginas de este libro (pp. 109-120) te llama la atención.

De desmotivado a motivado

Observa cómo limpian los demás

Hay cientos —si no miles— de canales de
YouTube, *videoblogs* y cuentas de redes
sociales dedicados a la limpieza y el orden.
Apuesto a que cualquiera que vea un vídeo
de alguien limpiando se sentirá motivado
a levantarse y hacer algo también en su
hogar. Tan solo asegúrate de no comparar
tu casa con las otras, y recuerda que los
videobloggers únicamente te enseñan lo que
ellos quieren que veas.

Investiga

Si eres como yo, querrás saber cómo
funcionan las cosas. ¿Por qué la lejía mata
los norovirus? ¿En qué se diferencian los
detergentes biológicos de los que no lo son?
¿Cómo absorbe los olores el bicarbonato
de sodio? Investiga y serás un consumidor
mejor informado.

Pide consejo

A la gente le encanta que le pregunten cómo hace las cosas. Pedir consejo a alguien puede ser una forma estupenda de comenzar una conversación: «¿Cómo eres capaz de llevar al día la casa mientras trabajas a jornada completa?». O incluso preguntas más concretas, como: «¿Qué utilizas para limpiar la nevera?».

Es especialmente agradable mantener este tipo de conversaciones con padres o abuelos, que normalmente están encantados de compartir sus conocimientos de limpieza.

Ponte un reto…

o pónselo a un amigo

No hay nada como un poco de sana
competencia para estimularnos hacia el
éxito.

Fíngelo hasta que lo logres

La limpieza puede añadir otra capa de
presión no deseada si lo permitimos.
Deberás asegurarte de no verla nunca de
esa forma.

Concéntrate en tu tarea y convéncete
de que estás haciendo algo interesante y
que merece la pena, incluso aunque de
momento no lo veas así.

Abraza el minimalismo

Si tienes algún producto que no quieras o nunca uses, deshazte de él. Yo solía tener un bote de limpiador de ducha. No me gustaba su extraño aroma a fruta, en realidad no lo consideraba del todo un limpiador y no lo utilizaba nunca. Pero lo tuve en el plato de ducha durante meses antes de decidirme por fin a tirarlo.

Las diez cosas que necesitas

La mayoría de las tareas de limpieza pueden acometerse sin problema con un puñado de productos básicos, que además probablemente ya tengas en casa. No salgas corriendo a comprar nada; empieza con lo que ya tengas, como:

1. **Agua.** El mejor limpiador natural que existe. Muchas veces, para limpiar algo, te bastará con agua caliente.

2. **Jabón líquido.** Aunque está diseñado específicamente para eliminar grasa y restos de comida, siempre merece la pena darle una oportunidad.

3. **Jabón biológico, ya sea en polvo o líquido.** Repleto de enzimas útiles para

deshacerse de las manchas. Da un gran resultado diluido sobre tela.

4. **Vinagre blanco.** Es un ácido que disuelve los restos de jabón y cal.

5. **Zumo de limón.** Otro ácido, aunque este tiene un aroma maravilloso.

6. **Bicarbonato de sodio.** Un alcalino genial para disolver la grasa y eliminar los olores.

7. **Estropajo.** Esta lana metálica, ya sea una moderna o de las de siempre, eliminará los restos más persistentes.

8. **Trapos de limpieza.** Los trapos de microfibras poseen millones de fibras diminutas capaces de agarrar y eliminar la suciedad microscópica y las bacterias. El algodón y las gasas de toda la vida también pueden resultar de ayuda.

9. **Lejía.** Mata los virus, bacterias y hongos y elimina las manchas.

10. **Guantes.** Protegen tus manos del calor y de los productos químicos, ayudando a mantenerlas suaves.

La mayoría de la gente tiene muchos más productos de limpieza y utensilios para organizar de los que en realidad necesita para limpiar y ordenar su hogar. Así que lo más probable es que tengas un armario repleto de limpiadores que hagan más o menos lo mismo. ¿Cuántos espráis de limpieza necesitas para una sola cocina, por ejemplo?

Disponer tan solo de un puñado de productos básicos es lo ideal por multitud de razones. Para empezar, la mayoría de ellos vienen en botellas de plástico, por lo que así reducirás el plástico que consumes. Además, si compramos menos, las empresas producirán menos… y se gastarán menos energía y menos recursos. También ahorraremos espacio… ¡y dinero!

Haz inventario

Comienza reuniendo todos tus productos de limpieza en un único lugar. Revisa los armarios del baño, debajo del fregadero, en el garaje…, en cualquier sitio en el que puedan estar escondidos.

Ordena tus productos de limpieza

¿Cuál se usa para el baño, cuál para la cocina…? ¿Cuál es un limpiador específico, cuál se utiliza para todo? Si tienes varios del mismo tipo, piensa por qué. ¿Compraste uno nuevo porque el anterior no era bueno, pero conservaste este último de todas formas? ¿Se te olvidó que ya tenías uno y adquiriste otro? ¿Fuiste víctima de una oferta irresistible? Sé sincero contigo mismo.

Puedes hacer inventario de cualquier cosa que tengas en casa. Decide qué quieres revisar, ya se trate de toallas, bolígrafos o vasos. Echa un vistazo por la casa y reúne las cosas por categorías. Ponlas a la vista y examínalas. A veces, el hecho de verlas juntas te hará reflexionar. (¿De verdad necesito nueve fundas nórdicas?). Será un buen primer paso para ir reduciendo artículos.

Pregúntate qué cantidad es razonable. Por ejemplo, la norma en mi casa es dos fundas nórdicas por cama, así que tenemos seis. Una vez que te decidas, no te eches atrás. Pon en práctica la regla de comprar una cuando te deshagas de otra. Si has decidido tener diez tazas en casa, pero ves una que te encanta o alguien te regala una, tendrás que deshacerte de otra. Acostúmbrate a hacerlo cuando entres en casa con un artículo nuevo: no lo dejes para más adelante.

Junta los artículos duplicados a medio usar

Asegúrate de hacer esto solo con productos idénticos, porque mezclar productos químicos —incluso aunque sean parecidos— puede ser letal. ¡Y no precisamente en el sentido de ser la bomba limpiando! La mayoría de las botellas y boquillas de espray pueden reciclarse. Guarda algunas para reutilizarlas con los productos que te hagas tú mismo en casa (véanse pp. 109-120). Ponte como reto no comprar ningún producto hasta que no hayas usado los que tienes.

Comprueba las fechas de caducidad

¿Sabías que la lejía caduca a los doce meses? Y la lejía diluida solo funciona en las primeras veinticuatro horas. Deshazte de cualquier limpiador caducado. Comprueba la etiqueta de cada producto para ver cómo tirarlo de forma segura.

**Dona los productos de limpieza
que ya no quieras**

Dona los productos que no hayas usado o
no quieras a tu banco de alimentos local,
alguna ONG, amigos o familia.

Toma decisiones limpias

Piensa qué es importante para ti en tu hogar. ¿Cómo quieres que funcione? ¿Qué tipo de vida deseas?

Si quieres una vida en la que no tengas que limpiar tanto el polvo, escoge superficies lisas, sin adornos. Así, una pasada rápida con un trapo o un paño será suficiente para devolverle el brillo a tu hogar. Una repisa llena de velas y jarrones te llevará mucho más tiempo limpiarla.

¿Lo que quieres es lavar menos? Acostúmbrate a guardar la ropa de forma que puedas volver a ponértela. A veces, tan solo te hará falta una pulverización de desinfectante para ropa (véase p. 119) para lucir de nuevo esa prenda.

¿Deseas ahorrar tiempo? Guarda los productos en la zona donde se utilicen.

(Los limpiadores de baño y sus trapos, en el baño, por ejemplo). Así, no tendrás que andar dando vueltas para traerlos desde otro sitio. Una vez que hayas lavados los trapos y esponjas, asegúrate de repartirlos por el resto de habitaciones para que puedas, por ejemplo, limpiar el radiador del baño cuando este haya acumulado polvo.

Haz un poco cada día de modo que organices tu propia rutina… o adoptes la de alguien. Por ejemplo, tal vez quieras cambiar las sábanas los sábados; o fregar el baño los domingos; o limpiar los cristales el lunes. No importa cómo te organices: simplemente escoge un esquema que te sea útil y síguelo. Con este enfoque las tareas domésticas pueden dividirse en pequeños deberes y repartirse a lo largo de la semana. Siempre habrá cosas que tengas que hacer a diario para que la casa no se te eche encima, pero de este modo las tareas más grandes no se te harán tan cuesta arriba.

Yo llevo una lista de tareas que en mi casa se hacen a diario. Pase lo que pase, como mínimo, debemos:

1. Pasar un trapo al baño

2. Aspirar las zonas de paso

3. Lavar y poner a secar los cacharros

4. Pasar un trapo a la cocina y a la mesa del comedor

5. Lavar y tender una colada

6. Hacer las camas

¡Trabaja en equipo!

Todos los miembros de la familia tenemos la responsabilidad de cuidar de nuestra casa. Si un niño pequeño es capaz de bajar su juguete por las escaleras, tendrá que ser capaz también de volver a subirlo. Que un miembro trabaje fuera de casa no es motivo para que no meta sus platos sucios en el lavavajillas.

Un reparto injusto de las tareas domésticas puede generar resentimiento y minar las relaciones. Si este es un tema sensible en tu hogar, convoca una reunión familiar y habladlo entre todos.

Si tienes la sensación de que siempre te toca a ti ordenar y limpiar, tal vez tengas la tentación de comenzar explicando cómo te sientes, lo que podría provocar una discusión. En lugar de eso, empieza preguntando a los miembros de tu familia qué les parece a ellos la situación de la casa. ¿Les da la impresión de que está bien cuidada? ¿Cómo creen que colaboran ellos? Una vez los hayas escuchado, pídeles que lo hagan ellos contigo y cuéntales cómo te sientes tú. Explícales que te gustaría establecer un sistema de tareas.

Propón que cada uno tenga que cumplir sus propias tareas, aunque simplemente se trate de guardar sus cosas. Tal vez quieras prever algunas expectativas realistas para cada miembro de la familia.

Escribe una lista y colócala en algún lugar visible. No olvides revisarla con regularidad para comprobar que todo el mundo está cumpliendo con su parte. Acostumbrarse a los nuevos hábitos puede llevar más tiempo del que crees.

No invites al desorden

En la sociedad de consumo actual, continuamente se nos bombardea con productos que deberíamos tener. Hace unos años, leí acerca de una mujer que a mí me sirvió de ejemplo; se pasó un año entero sin comprar nada nuevo, salvo artículos de primera necesidad como los de alimentación, obviamente. Aunque su caso tal vez sea un poco extremo, merece la pena reflexionar sobre cuántas cosas compramos que en realidad no necesitamos... y tal vez nunca usemos. ¡Si hasta yo tengo cosas en casa que ni siquiera quiero! ¿Podrías pasar una semana sin comprar nada? ¿Y un mes?

Una vez que metes algo nuevo en casa, desarrollas una especie de vínculo emocional con ello, lo que provoca que te resulte más difícil deshacerte de este artículo. A mí me ocurre especialmente con las bolsas de la compra. Tengo una enorme colección de bolsas reutilizables. ¡Son tan bonitas y útiles…! Cuando intento reducir su número (lo que hago con frecuencia), me cuesta porque pienso «esta me viene bien para las vacaciones», o «esta es genial para guardar las otras dobladas dentro». Siempre acabo encontrando un motivo para no tirar ninguna. Habría resultado más fácil no haberlas comprado.

Después de dar a luz por segunda vez, me recuerdo sentada en el hospital con mi bolsita de obsequios del representante comercial que visitaba a las nuevas madres. Contenía muchos artículos útiles como toallitas, pañales y muestras de jabones. Y cosas no tan útiles, como prospectos y folletos que sabía de sobra que nunca iba a leer. Antes de irme a casa ese mismo día, reduje el contenido de la bolsa solamente a los artículos que estaba segura de ir a utilizar, y tiré el resto a la papelera de mi habitación.

La próxima vez que vayas a meter algo en tu carro de la compra o te ofrezcan un obsequio comercial, piensa si realmente lo necesitas. Afrontémoslo: una vez que entre en casa, será mucho más difícil deshacerse de ello.

Limpia en el momento

¿Te has fijado alguna vez en la gran concentración que demuestras al limpiar los restos de boloñesa de la sartén de la noche anterior? Eso es porque estás viviendo en el momento. No estás pensando en el pasado o en el futuro, sino simplemente en cómo quitar los restos quemados de esa sartén (supuestamente) antiadherente.

Todos sabemos que vivir en el momento es maravilloso para la salud mental. El *mindfulness* es esencialmente la práctica de dirigir la atención al aquí y ahora. Consiste en experimentar la vida como venga, sin pensar en lo que ha ocurrido antes ni en lo que pueda suceder en el futuro.

Cuando necesites descansar del caos presente en tu vida, escoge una tarea en la que de verdad puedas concentrarte. Si no soportas limpiar ni ordenar, intenta pensar en ello de otra manera. Considéralo una forma de meditación. Esto funciona especialmente bien en zonas particularmente sucias o desordenadas, en las que puedas comprobar la transformación enseguida.

Intenta alguna de estas limpiezas en el momento:

Alfombras

Rocía algo de bicarbonato sódico o
desinfectante específico sobre alfombras
o moquetas. Déjalo reposar una hora para
que absorba los olores. Pon todos tus
sentidos en la tarea: ¿a qué huele? ¿Puedes
ver las rayas que deja el aspirador sobre
la alfombra? Prueba a realizar una serie
de triángulos en el suelo como hacen los
limpiadores de alfombras profesionales.

¿Qué ruido hace tu aspirador? ¿Parece
funcionar bien? Si suena como si se
atascara, tal vez sometiéndolo a una
limpieza a fondo funcione de forma mucho
más eficiente.

Ventanas

Escoge una habitación y limpia sus ventanas. Piensa en cómo va a mejorar tu día si ves mejor a través de ellas.

Fabrica tu propio limpiacristales usando la receta que encontrarás en la página 111. Rocía una pequeña cantidad sobre el cristal y límpialo con un paño o un papel de cocina.

La clave para lograr una ventanas impecables es mantener el trapo lo más seco posible. Una forma de conseguirlo es extender el limpiacristales con un paño y utilizar otro distinto para retirarlo. También resulta de gran ayuda un trapo de tejido apretado.

Cajones

Concéntrate en un único cajón. Saca todo lo que haya dentro de su interior, incluso las bandejas o separadores. Utiliza el aspirador para eliminar el polvo y la suciedad, y después pasa un paño húmedo. Deshazte de todos los artículos que no uses o necesites, y organiza el resto en grupos. Piensa en cuál es la mejor manera de utilizar el espacio. Por ejemplo, para separar los calcetines de los pantalones, puedes colocar cajas de zapatos. Para juntar una serie de tenedores especiales, puedes utilizar una goma elástica. Y para ordenar tu maquillaje, puedes usar táperes.

Armarios

Los armarios son un lugar donde resulta fácil esconder cosas que no tienen un sitio propiamente dicho. No seas demasiado ambicioso sacando todo su contenido y poniéndolo sobre la cama. Haz las cosas poco a poco; primero limpia una balda, después organiza lo que esté colgado, más tarde alinea correctamente el calzado…

Una forma de centrar tus esfuerzos es utilizar la regla del año: si no te has puesto algo durante todo un año, dónalo, véndelo o tíralo.

Horno

Solemos descuidar el horno porque la gente tiende a pensar que es más difícil de limpiar de lo que realmente es. Tan solo concéntrate en el cristal interior de su puerta. Utiliza un estropajo metálico —no de esos que vienen pegados a una esponja de color, sino de los normales— empapado en bicarbonato sódico para eliminar la grasa acumulada. Vete limpiando el cristal por cuartos, de esta forma percibirás de verdad la diferencia.

Vertedero

En todas los hogares hay una zona (¡o más de una!) donde las cosas suelen acumularse. La única diferencia es que hay

quienes saben ocultarla mejor que otros.
Echa un vistazo a tu casa y localiza estas
áreas. Puede tratarse de una estantería,
de un rincón de una habitación, o de un
armario donde da la impresión de que las
cosas tienden a acumularse cuando no
tienen otro lugar al que ir.

Lo más probable es que en esta zona se
hayan ido acumulando artículos desde
hace un tiempo, así que no te agobies
pretendiendo limpiarla de una sola vez.
Escoge una parte —no más de un metro
cuadrado— y encárgate de ella. O, si tienes
que afrontar un buen montón de cosas,
intenta ocuparte de cinco cosas cada día de
la semana.

Crea buenos hábitos

Tener un hogar limpio y ordenado depende de tus hábitos. Los hábitos positivos —como evitar comprar de más, guardar las cosas cuando hayas acabado de utilizarlas, y limpiar siempre al final— te ahorrará tiempo y agobios. Prevenir es siempre mejor que curar. Si nos acostumbramos a limpiar la mampara de la ducha después de utilizarla, estaremos evitando una tarea que sería más difícil después. Si dejamos secar la mampara al aire, sin limpiarla, esta puede llenarse de manchas de cal u hongos.

La mayoría de la gente es consciente de que debería tener mejores rutinas y hábitos, simplemente no han encontrado la forma de ponerlos en práctica. Mira a ver si las ideas de las páginas siguientes pueden servirte.

Acostúmbrate a limpiar los armarios de la cocina

Mientras estés cocinando la cena, llena el fregadero con agua caliente y unas gotas de jabón líquido. Utiliza un trapo para frotar la parte delantera de los armarios de la cocina. Empieza por arriba y vete bajando. Asegúrate de repasar todos los bordes y la parte superior de los cajones, alrededor de los tiradores y la puerta de la nevera, y cualquier otro aparato que tengas en la cocina. Tal vez no te dé tiempo a repasar la cocina entera, no hay problema, puedes seguir otro día donde lo hayas dejado.

Acostúmbrate a limpiar la tapicería

Para mantener tus sofás y sillas tan deslumbrantes como el día que los compraste, límpialos y dale la vuelta a los cojines con regularidad. Asegúrate de aspirar por debajo de los cojines del sofá, ya que la comida y la suciedad que caigan en el bastidor del sofá estarán en contacto con los cojines de los asientos y podrían causar marcas y manchas. Muchos sofás modernos tienen fundas con cremallera que pueden lavarse en casa en la lavadora. Hazlo dos veces al año. Sigue con cuidado las indicaciones del fabricante, ya que añadir agua o productos de limpieza a algunos sofás puede eliminar su capa ignífuga. Cambia de lugar los cojines una vez a la semana para que no acaben desgastados o rasgados. Si los brazos del sofá son propensos a que queden marcadas las huellas de las manos o las marcas de las tazas, coloca un posavasos o una manta para proteger el tejido o la piel.

Acostúmbrate a limpiar la encimera

Puede parecerte sencillo, pero es una costumbre que mucha gente aún no domina. Recuerdo una vez, hace muchos años, que una amiga mayor que yo me invitó a cenar en su casa. Observé que después de levantarnos de la mesa sacó un espray limpiador y le dio una pasada a la encimera. Me quedé de verdad sorprendida. Yo siempre había sido alguien que «limpiaba» la cocina, pero nunca había pensado que tuviera que «mantenerla». Al hacer esto, dándole una pasada después de utilizarla, se ahorraba el trabajo de tener que retirar trozos de comida endurecida y frotar manchas difíciles, con lo que se aseguraba de que preparar su próxima comida iba a ser mucho más sencillo.

Acostúmbrate a limpiar el microondas

Lava la bandeja del microondas al menos una vez a la semana, y dale una pasada al interior después de cada uso para que no exista la posibilidad de que queden restos de comida secos o pegados. Asegúrate de comprobar, sobre todo en la parte superior, que no quedan salpicaduras.

Acostúmbrate a limpiar la nevera

Antes de realizar tu compra semanal, utiliza un trapo empapado en agua caliente y jabón líquido para darle un repaso a las baldas y los cajones. Nunca uses productos perfumados en la limpieza de la nevera, pues pueden contaminar los alimentos (haciendo que tengan un regusto químico), e intenta evitar la lejía en las juntas de goma de frigorífico y congelador (al igual que en las de la lavadora), pues pueden dañar este material.

Acostúmbrate a limpiar el horno

Dándole repasos de forma regular, tu horno puede seguir pareciendo nuevo durante años. Asegúrate de comprobar después de cada uso que no quedan salpicaduras. Eliminarlas te resultará más fácil con un paño húmedo.

Cada par de semanas, dale al horno un rápido repaso con un estropajo metálico. Donde encuentres una salpicadura, frótala lo antes posible para que no se endurezca al hornear. Si tu horno necesita algo más de limpieza hasta que puedas adoptar este hábito, comienza por ir limpiándolo poco a poco hasta que vuelva a estar reluciente.

Acostúmbrate a limpiar las alfombras

Aspira las zonas de paso frecuente a diario si es posible. En la mayoría de las casas, esto incluiría la entrada, el vestíbulo y las salas de estar. La suciedad o la grasa que haya caído en la alfombra se va acumulando, lo que complica su eliminación posterior. Las manchas también son más difíciles de quitar cuanto más tiempo las dejes. Así que asegúrate de eliminar rápido cualquier salpicadura o derrame que caiga sobre la alfombra. Pide a tus familiares que te avisen cuando se produzca un incidente de este tipo. Sin culpas, sin dramas… simplemente actúa rápido.

Acostúmbrate a limpiar el aspirador

Para que tu aspirador siga funcionando
bien y oliendo a limpio, vacía el depósito
después de cada uso. La suciedad y las
bacterias acumuladas en su interior pueden
darle un olor desagradable, sobre todo si
tienes mascotas. Así que si tu aspirador está
esparciendo por la casa perfume a perro
mojado, probablemente sea hora de que
le pegues un buen repaso (véase p. 130) y
adquieras la costumbre de vaciarlo después
de cada jornada.

Acostúmbrate a limpiar la madera

Debo admitir que cuando compré mi primera casa, no tenía ni idea de cómo cuidarla. No sabía que los zócalos y las puertas debieran limpiarse. Eso hace que me pregunte si alguien lo hacía en mi casa cuando yo era pequeña.

Existen distintas formas de afrontar la limpieza de los zócalos. ¡Incluso he visto a gente que lo hace pasando los calcetines sobre ellos! Te sugiero que te ocupes de ellos cuando aspires para que el polvo no se vaya acumulando. Pero si te enfrentas ya a una acumulación, añade unas gotas de jabón líquido en un bol de agua caliente y usa un paño de microfibra para eliminar la suciedad.

Y lo mismo sirve para las puertas. Un repaso frecuente con un paño húmedo suele ser suficiente para que no acumulen polvo ni suciedad. Según mi experiencia, cuantos más niños pequeños o animales tengas, con mayor frecuencia deberás hacerlo.

Acostúmbrate a hacer la cama

La cama ocupa una gran cantidad del espacio físico y visual de tu dormitorio. Una forma estupenda de dar impresión de orden es sencillamente tener siempre la cama hecha. No hace falta que esté al nivel de los hoteles de lujo. Simplemente estira la funda nórdica o la colcha y coloca la almohada en su sitio.

Acostúmbrate a limpiar el baño

Dale un repaso a las superficies del baño de forma regular. Cuando te laves las manos, emplea unos segundos en aclarar el lavabo y el grifo con las manos. Después de darte una ducha, utiliza un trapo de microfibra o una escobilla limpiacristales para retirar el exceso de agua y vapor de la mampara y del espejo del baño. Antes de irte a la cama, echa un poco de limpiador específico en el inodoro y deja que actúe toda la noche. Asegúrate siempre de ventilar el baño cuando utilices lejía.

Acostúmbrate a ordenar sobre la marcha

Utiliza tu nueva predisposición a la limpieza para ordenar sobre la marcha. Arregla siempre los pequeños desastres cuando los veas. Si algo lo puedes hacer en un minuto, no hay excusa para que no lo soluciones en el momento. Cada noche, antes de irte a la cama, echa un vistazo a las zonas de mayor uso y retira las cosas que no deban estar en ellas.

Acostúmbrate a pasar el polvo

Pasar el polvo no tiene por qué ser complicado. No necesitas ningún utensilio especial ni producto específico para hacerlo. De hecho, yo suelo utilizarlo como un modo de revisar y cuidar las cosas que tengo expuestas en casa, pasándoles un trapo ligeramente humedecido por encima. Cuando me apetece un cambio, disfruto recolocando este tipo de artículos decorativos para darle a esa habitación una apariencia completamente distinta.

Acostúmbrate a limpiar
los cubos de basura

¿Cuándo fue la última vez que limpiaste los cubos de basura? Si dejas que vaya pasando el tiempo, se vuelve una tarea enorme, pero si lo haces habitualmente, será coser y cantar. Dale al exterior una pasada rápida a diario y limpia el interior cada pocas semanas para mantenerlos libres de olores.

Un lugar para cada cosa…
y cada cosa en su lugar

Probablemente se trate del mayor cliché en cuanto al mantenimiento del orden, pero…

Cada cosa debe ir en su lugar.

El otro día estaba buscando el celo. Se me ocurrieron cuatro sitios donde podía estar: la caja donde guardo los papeles de envolver y las tarjetas; el armario donde están las cosas para decorar la casa; el cajón de sastre de la cocina; o una de las habitaciones de los niños. Ya podéis imaginaros cómo iba acumulándose mi frustración al tener que recorrer la casa gritando: «¿Alguien ha visto el celo?».

Tal vez penséis que la solución sería comprar más celo y dejar un rollo en cada uno de estos lugares, y puede ser que acertéis. Pero, hasta donde yo sé, añadir más cosas nunca ha ayudado a nadie a que su casa esté más ordenada.

Para que no perdáis el tiempo y la paciencia buscando artículos por toda la casa, pensad cuál es el lugar de cada cosa y aseguraos de que todo el mundo lo conoce. A los niños (y a algunos adultos), quizá tengáis que recordárselo, pero al final valdrá la pena.

Hay un par de formas de afrontar este reto:

- Dejar las cosas donde es más probable que se busquen. Las podaderas del jardín no servirían de nada en el baño.

- Dejar las cosas con su «familia». El papel de envolver, los lazos, la cinta adhesiva, las tijeras y las tarjetas pueden guardarse juntos.

Busca el progreso,
no la perfección

¿Eres infeliz porque tienes la casa hecha un desastre... o tu casa está hecha un desastre porque eres infeliz?

El ambiente que te rodea tiene un enorme impacto en tu sensación de bienestar. Esperar sentado en una casa desorganizada y sucia puede ser una experiencia deprimente que te conduzca a una espiral de malas sensaciones y te hunda en la rutina. Pero si bien puede que no sepas mejorar el ánimo, sí sabes cómo limpiar la casa… Así que empieza por eso.

Nuestro cerebro nos planteará de forma astuta que no tiene sentido empezar una gran tarea. No tienes el producto adecuado… Te va a llevar muchísimo tiempo… Seguro que te interrumpen… Es demasiado lío… Se va a volver a ensuciar… ¡y muchos argumentos más! Así que, al final, nunca lo hacemos.

Lo que yo solía hacer era decidir que necesitaba reorganizar del todo la habitación. Para ello, debía ir de compras en busca de las cajas de almacenamiento perfectas. Me hacía una idea exacta de lo que quería y me pasaba el día rastreando las tiendas para encontrarlo. Con frecuencia, volvía a casa rendida y sin haber encontrado lo que había ido a buscar. ¡Imagina si en lugar de ello hubiera pasado todo ese tiempo dedicada a la tarea! Piensa en cuánto habría logrado si hubiera empleado esas horas en ser productiva en vez de distraerme con esa excursión.

La perfección es enemiga del progreso

No esperes a limpiar u ordenar hasta que tengas el producto adecuado, la caja de almacenamiento perfecta o un día entero en el que poder dedicarte a ello. Esa es la forma que tiene tu cerebro de retrasar las tareas que no quiere afrontar. Comienza antes de estar preparado, pero empieza poco a poco. Tu objetivo es el progreso, no la perfección. No persigas la limpieza inalcanzable. Tu casa es un hogar, no un reportaje de revista; no puede estar impecable siempre.

Al empezar poco a poco, consigues dos cosas:

1. **Realización.** De acuerdo, no has limpiado todo el guardarropa, pero has limpiado una balda… ¡Y esa balda está genial!

2. **Impulso.** Una vez que percibas lo grande que empieza a parecer el espacio, y liberes hormonas del placer gracias a tu logro, querrás seguir. Un objeto en reposo tiende a continuar en reposo, y un objeto en movimiento… ¡tiende a continuar en movimiento!

Escoge la tarea que menos te atraiga —esa que has estado posponiendo— y empieza por ella. Si es demasiado grande para completarla en el tiempo del que dispones, divídela en pequeños deberes.

Cuando adoptes esta perspectiva, desde ese momento todo será coser y cantar. Te sentirás fenomenal y orgulloso de lo que has logrado, y ese optimismo te ayudará a seguir avanzando.

Diez pequeñas victorias que no llevan mucho tiempo, pero pueden suponer una gran diferencia visual en una habitación son:

1. Hacer la cama

2. Ahuecar los cojines del sofá

3. Abrir las cortinas / levantar los estores

4. Guardar los cacharros

5. Limpiar el fregadero

6. Aspirar

7. Abrillantar la tetera o el tostador

8. Limpiar la mesa

9. Poner una colada

10. Darle una pasada al baño

Divide una tarea ardua

Mediante pequeños proyectos que te ayuden a asociar la limpieza con una sensación de realización y orgullo, tu cerebro comenzará a reprogramar los circuitos de pensamiento. Cada vez que experimentes un éxito, anhelará más de esa buena sensación. ¿Necesitas limpiar el garaje? Divídelo en seis zonas y haz una cada semana. Sí, eso quiere decir que te llevará seis semanas acabar la tarea, pero ¿cuánto tiempo llevabas posponiéndola? ¡Limpiar una sexta parte del garaje es mejor que no limpiar ninguna!

Las cosas… de una en una

Otro rasgo del *cleanfulness* es que estabiliza la mente, al reducir el ruido de fondo de los pensamientos que nos distraen y la tentación de hacer más de una cosa a la vez. Si estás ordenando la habitación y te encuentras unas tazas y platos, que no te pueda la tentación de llevarlos a la cocina. Estoy segura de que allí probablemente hay más tareas que te distraerán. En lugar de ello, permanece en la habitación que estás limpiando tanto tiempo como te sea posible. Guarda las cosas de otro sitio solo cuando hayas hecho tantos progresos que ya no puedas avanzar más.

Afronta lo descontrolado

Para habitaciones descontroladas (como habitualmente son los dormitorios de mis hijos), uso un enfoque temático. Vacío las superficies, las cestas de almacenamiento, los cajones de sastre…, ¡TODO!, y lo pongo en un enorme montón en el suelo, para allí reorganizarlo y guardarlo.

Necesitarás:
una bolsa de basura
una bolsa para donaciones
una bolsa para echar a lavar

Ordénalo todo en montones de artículos parecidos; por ejemplo: libros, ropa, peluches, adornos…

Cuando acabes de ordenarlos, echa un vistazo a cómo tenías almacenadas las cosas a fin de saber si debes cambiarlo o no. Por ejemplo, si hay una enorme pila de peluches pero la única caja grande de la que dispones está ocupada por unas pocas piezas de Lego, cámbialas de sitio.

Sé implacable con la basura

Los juguetes con los que no se juega nunca
y las manualidades hechas hace tiempo, en
mi casa se van a la basura. En mi opinión,
si los niños quieren tener derecho a decidir
qué se guarda y qué se tira, deberán antes
asumir la responsabilidad de limpiar
su habitación. Aun así, ten cuidado con
entusiasmarte. Una vez yo tiré el único
par de calcetines de trabajo de mi marido
porque pensé que estaban viejos y ya no los
usaba.

Inspírate

¿Te sientes atrapado en la rutina?
¿Aburrido de realizar siempre las mismas
tareas, un día sí, otro también? ¡Añade algo
de diversión a tus rutinas de limpieza! En la
variedad está el gusto.

Una forma de alegrar la limpieza y el orden
es intentar algo completamente nuevo, algo
que te saque de tu zona de confort.

Con el auge de las comunidades virtuales
de limpieza, mucha gente escoge abrirse,

bajo un seudónimo, una cuenta de Instagram en la que puedan compartir sus consejos y experiencias de limpieza por internet.

A continuación os dejo algunas ideas más para echarle algo de gracia a vuestras tareas de limpieza…

Actúa

Escoge una tarea que tengas que hacer y actúa como si estuvieras en un programa de televisión o en un vídeo de YouTube. A los niños les encanta. (Pero no les digas que en realidad están ayudando…).

Reparte papeles como director, guionista, limpiador, presentador y cámara. Presenta tu parte de la siguiente manera: «¡Hola a todos! Hoy vamos a hacer la colada. El primer paso es dividir la ropa en distintos montones…».

Realizad la tarea entera así. Incluso puedes escoger grabarla de verdad y verla después para echaros unas risas.

Baila

Utiliza la música para aligerar tus
rutinas de limpieza creando una *playlist*
motivacional de limpieza. O escoge tres
o cuatro canciones, y limpia durante su
duración, deteniéndote cuando se acaben.

Graba un vídeo

Hoy en día la mayoría de los móviles tienen una función para grabar vídeos en *time-lapse*. Básicamente esto quiere decir crear un vídeo a cámara rápida.

Coloca tu teléfono en un lugar elevado para que pueda recoger el trabajo que estás haciendo, y dale a grabar. Ponte un límite de 10 o 15 minutos, y después deja de limpiar y detén el vídeo. Cuando lo veas, comprobarás la transformación desde el momento en el que empezaste hasta cuando acabaste la tarea. Te sorprenderá lo bien que te vas a sentir por haber sido tan productivo.

Por algún motivo, cuando yo hago esto, además trabajo mucho más deprisa.

Representa un papel

Imagina que estás contratado como probador de productos de limpieza. Coge una hoja de papel y un bolígrafo, así como el producto que quieras utilizar. Inspecciónalo con cuidado y lee las instrucciones. (¡Te sorprendería saber cuánta gente lleva usando productos de forma incorrecta durante años!). Utilízalos siguiendo las sugerencias y toma notas a medida que lo hagas… ¿A qué huele? ¿Hace demasiada espuma? ¿Limpia bien? Finalmente, otórgale una valoración.

Recetas de limpieza

Un modo de asumir de una vez por todas tu rutina de limpieza es invertir algo de tiempo en desarrollar tu propio arsenal de limpiadores, preparándolos en casa. Con un puñado de sencillos ingredientes naturales, puedes elaborar tus propios productos para todas las tareas del hogar.

Desengrasante

Necesitarás:
una botella vacía con espray
dos cucharaditas de jabón líquido
125 ml / media taza de vinagre blanco
500 ml / 2 tazas de agua

Vierte el agua, el vinagre blanco y el jabón líquido en la botella vacía con espray. Agítalo bien. Para utilizarlo, simplemente rocía las superficies y dales una pasada con una esponja o un trapo.

Limpiacristales

Necesitarás:
una botella vacía con espray
250 ml / 1 taza de vinagre blanco
250 ml / 1 taza de agua

Vierte el agua y el vinagre en la botella
vacía y agítalo bien. Utilízalo de forma
moderada para limpiar
ventanas y cristales.

Limpiador para el lavavajillas

Necesitarás:

250 ml / 1 taza de vinagre blanco

Quizá no sepas que en la parte inferior de tu lavavajillas existe un filtro que puede retirarse y limpiarse. Puede ponerse bastante asqueroso con la acumulación de restos de comida y grasa, así que si tu aparato empieza a oler mal, debes comenzar mirando ahí. Habitualmente, en esta parte inferior existe un recipiente plástico rodeado por una placa metálica. Ambas cosas pueden sacarse del lavavajillas y limpiarse en el fregadero con jabón líquido y agua caliente.

Para una limpieza adecuada del resto del electrodoméstico, reemplaza el filtro y asegúrate de que no quedan restos de comida en la parte inferior del lavavajillas. Vierte 250 ml o una taza de vinagre blanco en el depósito y pon en marcha el programa más largo y a mayor temperatura.

Limpiador para la lavadora

Necesitarás:
250 ml / 1 taza de vinagre blanco

Retira el cajetín del detergente y sumérgelo
en un fregadero lleno de agua con jabón
para eliminar todos los restos que hayan
quedado acumulados. Utiliza un trapo o
un cepillo de dientes viejo para atacar la
suciedad del compartimento donde suele ir
este cajetín. No olvides comprobar la parte
superior, donde a veces puede formarse
algo de moho. Una vez hayas limpiado el
cajetín a conciencia, vuelve a colocarlo en
su sitio.

Utiliza un trapo para frotar la parte interior
de la puerta de la lavadora, así como su

junta de goma. En ese momento, vierte el vinagre blanco en el tambor de la lavadora vacía y pon en funcionamiento su programa de mayor temperatura.

Cuando el programa haya terminado, abre la puerta y deja secar la lavadora. Siempre es buena idea dejar un rato la puerta abierta de la lavadora después de cada uso, de forma que el moho no se acumule entre cada lavado.

Descalcificador para la tetera

Necesitarás:
mitad de vinagre blanco
mitad de agua

Llena la tetera hasta la marca que señala
la mitad con la misma cantidad de agua y
vinagre blanco. Después, ponla a hervir.
Deja que la mezcla de agua y vinagre repose
en la tetera durante 15 o 20 minutos.
Después aclárala bien.

Limpiador para el microondas

Necesitarás:
Un limón
125 ml / media taza de agua en un bol para
microondas

Corta el limón a la mitad y exprime su
jugo en un bol de agua. Coloca el limón
en el líquido y ponlo en el microondas a
temperatura máxima durante tres minutos.
Una vez acabe, déjalo reposar durante
cinco minutos. Utiliza una esponja húmeda
para retirar los restos de comida. Puedes
humedecer la esponja en el bol de zumo
de limón caliente si necesitas más potencia
desengrasante. Ten cuidado, puede estar
caliente.

Limpiador para azulejos

Necesitarás:
180 g / 1 taza de bicarbonato sódico
unas cucharaditas de agua

Vete añadiendo el agua al bicarbonato sódico hasta que tengas una pasta espesa. Extiende la mezcla con las manos entre las juntas de los azulejos. Si la consistencia es adecuada, se quedará pegada sin caerse. Deja reposar la mezcla durante diez minutos y después utiliza un cepillo de dientes viejo para frotar la suciedad, volviendo a aplicarla si es necesario hasta que estés satisfecho con el resultado.

Desinfectante para ropa

Necesitarás:
una botella vacía con espray
250 ml / 1 taza de agua caliente
una cucharadita de bicarbonato de sodio
aceites aromáticos (opcional)

Añade el bicarbonato sódico a la botella vacía. Vierte en ella el agua caliente y ponle unas gotitas de aceite aromático si lo deseas. Agítalo bien. Su uso solo es recomendable en tapicerías y ropa. Agítalo bien antes de cada uso. No lo utilices sobre tejidos ignífugos.

Desinfectante para alfombras

Necesitarás:
bicarbonato sódico

Aspira la alfombra. Rocía el bicarbonato sódico de forma generosa por la alfombra, dejándolo tanto tiempo como te sea posible para que absorba los olores. Aspira de nuevo.

Nueve cosas que te has olvidado de limpiar

Una vez que domines el método del *cleanfulness,* serás capaz de llevar al día todas tus rutinas domésticas. Tu hogar funcionará como un reloj, y podrás asumir tareas más complicadas que hasta ahora no te era posible hacer. A continuación te sugiero algunas en las que tal vez no habías pensado…

Limpia los filtros de los extractores

Si tienes el típico filtro de extractor
con dos pequeñas mallas rectangulares
metálicas sobre tu cocina, podrás sacar
estas presionando el botón de plástico que
está en uno de sus bordes. Métela en el
lavavajillas con detergente. No pongas sal
para lavavajillas en esta ocasión.

Si no dispones de lavavajillas, métela en
el fregadero. Llena este con agua caliente
y añade unos chorros generosos de jabón
líquido. Tal vez debas repetir este proceso
si han acumulado mucha grasa.

Aspira a lo más alto

¿Cuando fue la última vez que miraste hacia arriba mientras estabas limpiando? Por encima de nuestro campo visual hay todo tipo de cosas: sistemas de iluminación, parte superior de armarios y alacenas, raíles para cuadros, el techo… Utiliza un plumero de brazo largo o sujeta un trapo de microfibra a un palo de escoba para llegar a los sitios más altos y eliminar el polvo y las telas de araña. No olvides pasar el polvo a los estores y a los raíles de las cortinas.

Descalcifica los grifos
y las alcachofas de la ducha

Si vives en una zona de agua dura, sabrás
lo que cuesta mantener la cal a raya. Una
forma sencilla de afrontarlo es llenar una
bolsa de plástico con vinagre, y utilizar
una goma elástica para atarla alrededor
de la cabeza del grifo o de la alcachofa de
la ducha. Déjala ahí unas horas. Una vez
que la retires, frota la cabeza del grifo o
la alcachofa de la ducha con un cepillo de
dientes viejo. Aclara cualquier resto que
haya quedado.

Limpia los marcos de puertas exteriores y ventanas

Ya has limpiado los cristales, sí, pero ¿has mirado a los marcos de las ventanas o en el interior de estos en ventanas y puertas? Pueden llegar a ensuciarse muchísimo, especialmente durante el invierno, cuando el viento y la lluvia incrustan suciedad en las grietas. Utiliza un trapo y tu espray limpiacristales casero para limpiar estas zonas.

Repasa el interior de armarios y cajones

¿Cuándo fue la última vez que sacaste
la cubertería del cajón? Si ha pasado un
tiempo desde entonces, lo más probable
es que en el fondo del mismo haya restos
de comida suficientes para una buena
merienda. ¡No te los comas! Cuando tengas
un minuto, vacía el cajón o el armario,
aspira todos esos restos de suciedad y dale
una pasada con una bayeta antes de volver
a colocar todo su contenido. Esta situación
también te da la oportunidad de deshacerte
de todos los artículos que no hayas usado
recientemente.

Limpia los interruptores, las cajas de los enchufes y los cables

Dale a estos elementos una pasada con un trapo húmedo para retirar el polvo y los restos de suciedad. Los cables pueden llegar a ensuciarse mucho con el tiempo. Eso sí, no olvides que el agua y la electricidad no se llevan precisamente bien.

Abrillanta los radiadores

Acércate a conocer a tus radiadores. Pasas junto a ellos a diario, pero tal vez no hayas advertido la cantidad de polvo que llegan a acumular. Una buena pasada les devolverá sus días de gloria. En el caso de los radiadores cromados, puedes utilizar la solución de vinagre blanco y agua a partes iguales para sacarles brillo.

Limpia detrás de los muebles

Parece una tarea enorme, pero en realidad solo te llevará unos minutos mover el sofá para poder aspirar debajo de él. ¡Y además tal vez encuentres algún tesoro o algo de calderilla!

Mantén el aspirador

Antes de nada, deja la casa aspirada, porque
no vas a poder utilizar el aspirador durante
un día o dos mientras los filtros secan.
Cada aparato es distinto, así que deberás
buscar el manual del tuyo —en papel o en
internet— para ver cómo desmontarlo para
proceder a su limpieza. Eso sí, asegúrate de
que tu aspirador está desenchufado antes de
comenzar con este proceso.

La mayoría de los aspiradores modernos
poseen un contenedor de plástico que
puede retirarse para que puedas limpiarlo
o darle una pasada con un paño. Los filtros
esponjosos pueden aclararse bajo el grifo y
escurrirse hasta que el agua pase limpia.

Los cabezales de cepillado normalmente pueden extraerse, lo que hace más sencillo retirar restos de pelo (puede que no sean lavables, comprueba las instrucciones); si esto no fuera posible, utiliza unas tijeras pequeñas para eliminar pelos o hilos que se hayan quedado enredados en el rodillo del cepillo.

Este libro
se terminó de imprimir
en el mes de febrero de 2021